Margret Rettich Jan und Julia ziehen um

Verlag Friedrich Oetinger, Hamburg

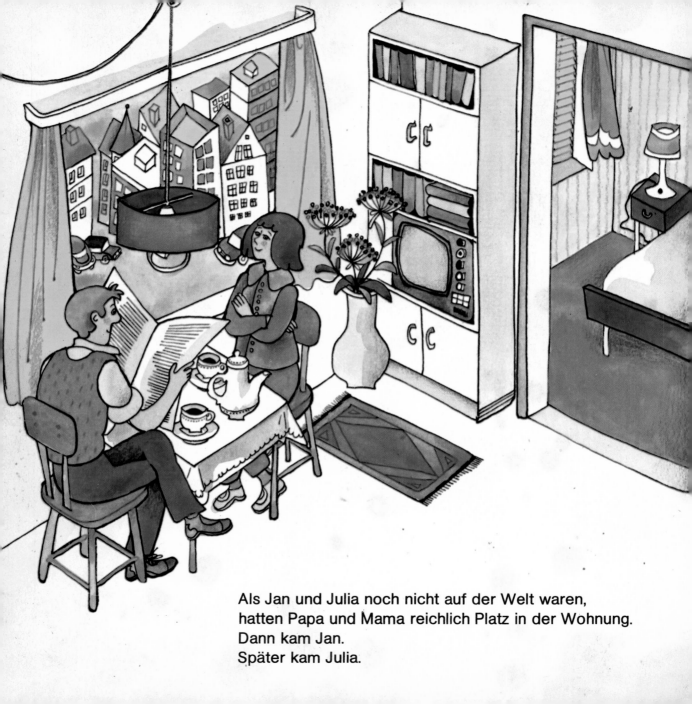

Als Jan und Julia noch nicht auf der Welt waren,
hatten Papa und Mama reichlich Platz in der Wohnung.
Dann kam Jan.
Später kam Julia.

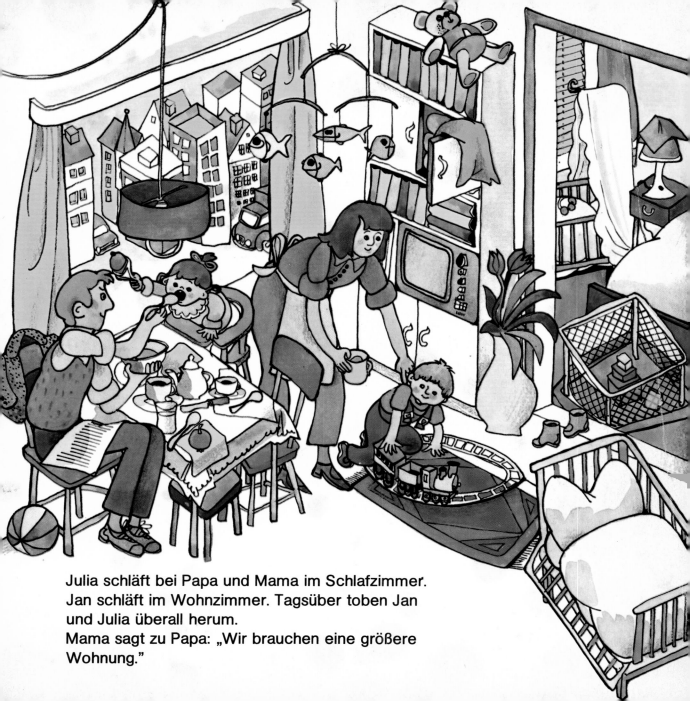

Julia schläft bei Papa und Mama im Schlafzimmer.
Jan schläft im Wohnzimmer. Tagsüber toben Jan
und Julia überall herum.
Mama sagt zu Papa: „Wir brauchen eine größere
Wohnung."

In der Zeitung steht, wo Wohnungen vermietet werden. Sie sehen sich viele Wohnungen an. Aber eine ist zu klein, eine andere zu alt, eine zu teuer und eine zu laut.

Endlich finden sie die richtige Wohnung.
„Hier werden wir uns wohlfühlen", sagt Papa.

In der alten Wohnung packen sie alle Sachen ein.
Mama stapelt das Geschirr in Körbe. Dazwischen
legt sie Papier, damit nichts zerbricht. Papa verstaut
die Bücher in Kisten.

Jan packt alle Spielsachen in einen Koffer. Julia ist
noch zu klein, um zu helfen. Sie ist immer im Weg.

Am nächsten Morgen kommt der Möbelwagen. Drei
Männer schleppen alles nach unten. Papa und Jan helfen.
Mama ruft: „Aufpassen, daß nichts kaputtgeht!"

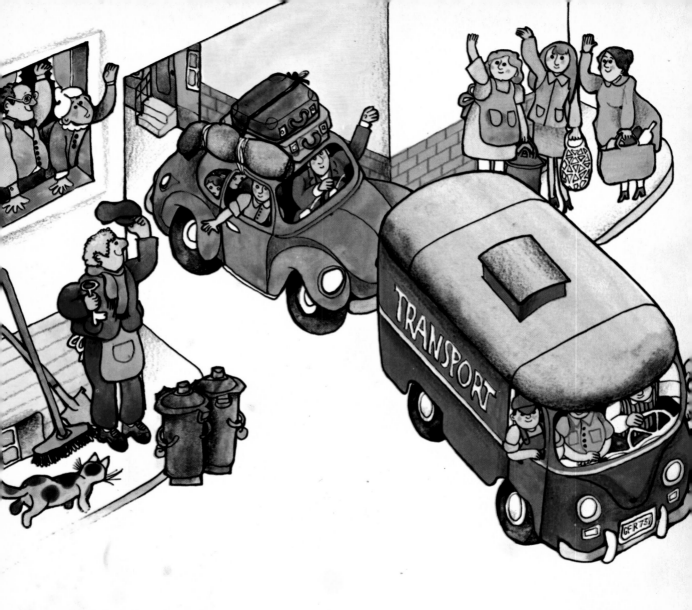

Die alte Wohnung ist leer. Mama fegt aus. Der Hausmeister
bekommt den Schlüssel. Die Nachbarn winken. Papa, Mama,
Jan und Julia fahren hinter dem Möbelwagen her.

Die Möbelmänner tragen alles nach oben in die neue Wohnung. Wenn sie schwere Schränke schleppen, legen sie sich Gurte über die Schultern. In den Zimmern rücken sie die Möbel dahin, wo Papa und Mama sie haben wollen.

Bevor die Umzugsleute gehen, bringt Mama Brote und Bier.
„Das tut gut", sagen alle.
Jan bekommt Brause und Julia die Milchflasche.

Papa bringt die Lampen an. Mama probiert aus, ob der Tisch am besten vor dem Fenster steht.

Jan räumt sein Zimmer ganz allein ein. In der neuen
Wohnung gibt es ein Wohnzimmer, ein Schlafzimmer, ein
Zimmer für Jan und ein Zimmer für Julia. Und natürlich
eine Küche und ein Badezimmer. So groß ist die neue
Wohnung.

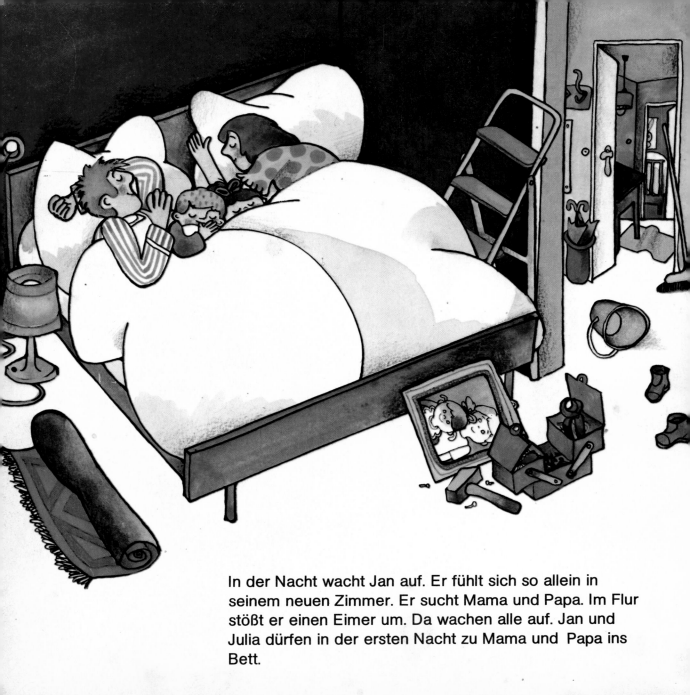

In der Nacht wacht Jan auf. Er fühlt sich so allein in seinem neuen Zimmer. Er sucht Mama und Papa. Im Flur stößt er einen Eimer um. Da wachen alle auf. Jan und Julia dürfen in der ersten Nacht zu Mama und Papa ins Bett.

Am andern Tag richten Papa und Mama die Wohnung
fertig ein. Julia ist auf dem Balkon. Jan ist unten vor dem
Haus. Da sind viele Kinder, mit denen Jan spielen kann.
Fein, daß Jan und Julia umgezogen sind.

spielend leicht lernen

die Bilderbuchreihe
für Vorschule und Kindergarten

Bisher erschienene Bände:

Jan und Julia ziehen um
Jan und Julia kaufen ein
Jan und Julia im Kindergarten
Jan und Julia verreisen
Jan und Julia feiern Geburtstag
Jan und Julia haben ein Tier
Jan und Julia haben einen Garten
Jan und Julia sind krank
Jan und Julia machen einen Ausflug
Jan und Julia verlaufen sich

© Verlag Friedrich Oetinger, Hamburg 1973
Alle Rechte vorbehalten
Gesamtherstellung: Arnoldo Mondadori Editore S.p.A., Verona
Printed in Italy 1982
ISBN 3 7891 57 007